CW00866814

Poitrine de boeuf au beurre de noix de coco.......

Côtelettes de porc Hawaiian ....

Crevette à l'ail...

Doigts de poulet à la noix de coco................................... 6

Pesto thaïlandais aux crevettes 7

Burritos grillés 8

Edamame et patate douce................................... 9

Pizza hawaïenne à la saucisse au fromage 10

Crevettes grillées 11

Filets de porc à la sauge, aux pacanes et à la noix de coco 12

Poulet à la mangue et à la noix de coco................................... 13

Flétan thaïlandais 15

Soupe thaïlandaise au poulet et à la noix de coco 17

Poulet aux noix de cajou................................... 19

Noix de coco, gingembre et riz aux groseilles 21

Rouleaux de Nori................................... 22

Paleo Jerk Poulet 23

Salade épicée de boeuf et concombre................................... 24

Pain à la dinde thaïlandaise................................... 26

Rouleaux de laitue au poulet................................... 28

Côtelettes de porc 29

Sésame épicé, noix de coco, poulet au miel cuit lentement 31

Mini curseur à crevettes avec sauce tropicale 32

Soupe au poulet 33

Coulisses de porc à la noix de coco aigre-douce 34

Aubergine à la noix de coco aigre-douce 36

Souvlaki de porc aux abricots à la noix de coco et au miel 37

Porchetts à faible teneur en glucides 39

Bacon hawaïen 40

Dinde saumurée 41

Médaillons de porc 42

Côtelettes de porc BBQ aux pêches 43

Sauté de poulet 44

Poulet frit 45

Rasoir rapide 46

Nouilles à la noix de coco 48

Cari de porc à la noix de coco de Ceylan 49

Noix de coco grillée 50

Crevettes et carottes Noix de coco-Gingembre Quinoa 51

Poulet à la noix de coco 52

Curry de crevettes à la noix de coco 53

Mayo au chili doux 54

Brocoli et arachide 55

Côte de bœuf à l'ail et à la noix de coco 56

Saumon grillé de l'Alaska 57

Côtelettes de porc à la sauce framboise et noix de coco 58

Ananas et noix de coco Poulet tendres 59

Poitrine de boeuf au beurre de noix de coco

Ingrédients :
- 1,5 kg de poitrine de boeuf
- 2 c. à soupe de mélange pour soupe à l'oignon
- 110 g de beurre de coco
- 30 g de moutarde de Dijon

Directions :
1. Préchauffer le four à 300°F/150°C.
2. Déposer la poitrine de boeuf dans une rôtissoire (côté gras vers le haut).
3. Dans un bol moyen, mélanger le mélange à soupe, le beurre de coco et la moutarde.
4. Étendre uniformément sur la viande.
5. Couvrir la casserole d'un couvercle ou d'un papier d'aluminium.
6. Cuire la viande pendant 3-4 heures.

Information nutritionnelle :
- Calories : 72
- Lipides totaux : 6g
- Lipides saturés : 3g
- Glucides : 0g
- Protéines : 6g

Côtelettes de porc Hawaiian

Ingrédients :
- 1 c. à soupe d'huile de noix de coco
- 4 grandes côtelettes centrales de porc
- 1 oignon moyen - tranché
- 2 pommes coupées en quartiers, tranchées
- 2 gousses d'ail hachées finement
- 2 c. à soupe de farine
- 130 ml de bière brune
- 250 ml de bouillon de poulet
- 1 c. à thé de cannelle
- 1 c. à thé de gingembre
- 1 c. à soupe de thym
- Sel
- Poivre

Directions :
1. Ajouter l'huile dans une grande poêle.
2. Faire revenir les côtelettes de porc des deux côtés.
3. Dans la même poêle, faire revenir les oignons jusqu'à ce qu'ils soient translucides.
4. Ajouter l'ail et les pommes.
5. Saupoudrer la farine dans les égouttures de la poêle.
6. Déglacer la casserole avec la bière.
7. Ajouter le reste des ingrédients énumérés ; couvrir et tourner à feu moyen pendant 1 heure.

Information nutritionnelle :
- Valeur énergétique : 286
- Lipides totaux : 13g
- Lipides saturés : 5g
- Glucides : 5g
- Protéines : 39g

Crevette à l'ail

Ingrédients :
- 500 g de crevettes géantes - décortiquées, déveinées
- 6 gros clous de girofle à l'ail hachés
- 350 ml d'eau
- Un trait de sel
- 1 Jalapeno Paprika - épluché, épépiné
- 1 Chaux
- 1 c. à soupe d'huile d'olive
- 170 ml de lait de coco
- 1 c. à thé de poudre de chili rouge
- Coriandre

Directions :
1.	Dans un mélangeur, hacher l'ail avec de l'eau et ½ cuillère à café de sel. S'assurer qu'il reste encore des morceaux d'ail ; quelques légumes secs devraient suffire.
2.	Verser le mélange sur les crevettes et laisser reposer pendant 10 minutes.
3.	Égoutter l'eau loin des crevettes et de l'ail.
4.	Ajouter le jus de citron vert, ½ cuillère à café de sel, et jalapeno.
5.	Chauffer une cuillère à soupe d'huile d'olive à feu vif dans une grande poêle.
6.	Ajouter les crevettes et cuire pendant une minute.
7.	Ajouter une petite boîte de lait de coco et cuire encore 30 secondes.
8.	Mélanger la poudre de chili au mélange.
9.	Incorporer le lait de coco au riz.
10.	Servir

Information nutritionnelle :
- Calories : 610
- Lipides totaux : 18 g
- Lipides saturés : 10g
- Glucides : 6g
- Protéines : 34g

Doigts de poulet à la noix de coco

Ingrédients :
- 4 poitrines de poulet désossées - coupées en lanières de 1 cm
- ½ c. à thé de sel
- ¼ c. à thé de Poivre rouge
- 150 g de farine de riz
- 250 ml de babeurre
- 1 gros oeuf
- 100 g de noix de coco râpée et séchée non sucrée
- 3 c. à soupe d'huile de canola
- Sauce chili sucrée

Directions :
1. Saupoudrer le poulet de poivre et de sel.
2. Mettre la farine dans un plat peu profond.
3. Dans un bol à mélanger moyen, ajouter l'œuf et le babeurre. Mélangez-le bien.
4. Mettre la noix de coco dans un plat peu profond.
5. Tremper le poulet dans la farine et secouer pour enlever l'excédent.
6. Tremper le poulet dans le mélange d'œufs, puis draguer à travers la noix de coco.
7. Chauffer une grande poêle à frire à feu moyen.
8. Ajouter l'huile dans la poêle.
9. Ajouter le poulet. Laisser cuire 6 minutes de chaque côté.
10. Servir avec la sauce pour chili si désiré.

Information nutritionnelle :
- Valeur énergétique : 290
- Lipides totaux : 15g
- Lipides saturés : 7g
- Glucides : 34g
- Protéines : 5g

Pesto thaïlandais aux crevettes

Ingrédients :
- 750 g de crevettes crues non décortiquées - grandes
- 50 - 100 g de riz à la noix de coco et à la lime
- 3 c. à table de jus de lime
- 2 c. à table d'arachides grillées à sec - non salées
- 2 c. à soupe de gingembre
- 2 gousses d'ail hachées
- 1 c. à thé de sel
- ½ c. à thé de poivron rouge - écrasé
- 60 ml d'huile d'olive
- 100 g de noix de coco

Directions :
1.   Peler et déveiner les crevettes.
2.   Mettre l'huile, le jus de lime, les arachides, le gingembre, la noix de coco, l'ail, le sel et le miel dans un robot culinaire. (Pendant 20 secondes.)
3.   Faire revenir les crevettes avec 1 cuillère à soupe d'huile dans une grande poêle. Cela prendra 3 à 5 minutes.
4.   Incorporer le mélange de coriandre aux crevettes et servir sur le riz.

Information nutritionnelle :
- Calories : 300
- Lipides totaux : 13,9 g
- Lipides saturés : 3,7 g
- Glucides : 15g
- Protéines : 21g

Burritos grillés

Ingrédients :
- 280 g de poitrine de poulet hachée - cuite
- Boîte de 450 g de haricots noirs - rincés
- Boîte de 330 g de maïs jaune avec poivrons rouges/verts - égouttés
- 100 g de fromage cheddar râpé - 2 % faible en gras recommandé
- 8x 8 pouces/20 cm tortillas de farine de blé entier - réchauffées
- Vaporisateur ou huile à cuisson végétale
- Salsa (ou sauce de votre choix)

Directions :
1.	Mettre le poulet, les haricots, le maïs jaune et le fromage dans un grand bol.
2.	Ajouter le fromage et bien mélanger.
3.	Vaporiser un grand poêlon d'enduit à cuisson ou graisser d'huile de cuisson.
4.	Chauffer la poêle à feu moyen.
5.	Envelopper un peu de mélange dans une tortilla de farine et mettre dans la casserole.
6.	Presser avec la spatule pendant 3-4 minutes.
7.	Servir avec de la salsa ou une sauce crémeuse à la coriandre.

Information nutritionnelle :
- Calories : 342
- Lipides totaux : 10,3 g
- Lipides saturés : 4,4 g
- Glucides : 37.2g
- Protéines : 23.2g

Edamame et patate douce

Ingrédients :
- 1x paquet d'environ 240 g de jambon fumé maigre - en dés
- 1 oignon haché finement
- 1 c. à soupe d'huile d'olive
- 2 patates douces pelées et coupées en dés de 0,5 cm (0,5 pouce)
- 1 clou de girofle à l'ail haché
- 60g de noix de coco râpée
- 1x environ 360 g Paquet d'Edamame décortiqué surgelé
- 1x environ 360 g Paquet de maïs en grains entier congelé
- 60 ml de bouillon de poulet
- 1 c. à soupe de thym haché
- ½ c. à thé de sel
- ½ c. à thé de poivre

Directions :
1.   Faire revenir le jambon et l'oignon à feu moyen pendant 6 à 8 minutes.
2.   Incorporer les patates douces et faire sauter pendant 5 minutes.
3.   Ajouter l'ail et faire revenir pendant 1 minute.
4.   Incorporer l'edamame, la noix de coco, le maïs, le bouillon et le thym.
5.   Réduire le feu à moyen et couvrir le mélange.
6.   Cuire pendant 10-12 minutes et remuer de temps en temps.
7.   Saler et poivrer au goût.

Information nutritionnelle :
- Calories : 192
- Lipides totaux : 5,8 g
- Lipides saturés : 0.8g
- Glucides : 22.1g
- Protéines : 13.9g

Pizza hawaïenne à la saucisse au fromage

Ingrédients :
- 120 g d'ananas
- 40 g de flocons de noix de coco
- 240 g de saucisse italienne - cuite, émiettée
- 1x 300 g de croûte à pizza préparée - fine
- 120 g de sauce à pizza
- 200 g de fromage Provolone - râpé (fromage à pâte dure italien)
- 120 g de morceaux de champignons - égouttés

Directions :
1. Préchauffer le four à 450°F/230°C.
2. Étendre uniformément la croûte de pizza avec la sauce, la moitié du fromage et tous les autres ingrédients.
3. Garnir du reste du fromage.
4. Cuire la pizza sur la grille du four pendant 10 minutes.

Information nutritionnelle :
- Valeur énergétique : 220
- Lipides totaux : 8g
- Lipides saturés : 4g
- Glucides : 28g
- Protéines : 12g

Crevettes grillées

Ingrédients :
- 3 clous de girofle à l'ail - extraits de mines
- 90 ml d'huile de coco
- 55 g de sauce tomate
- 2 c. à soupe de vinaigre de vin rouge
- 2 c. à soupe de basilic
- ½ c. à thé de sel
- ¼ c. à thé de poivre de Cayenne
- 1 kg de crevettes décortiquées
- Brochettes

Directions :
1. Dans un grand bol, mélanger l'huile de noix de coco, l'ail, la sauce tomate et le vinaigre.
2. Assaisonner de sel, de basilic et de poivre.
3. Ajouter les crevettes dans le bol et remuer jusqu'à ce que toutes les crevettes soient couvertes.
4. Couvrir les crevettes et réfrigérer pendant 30 minutes à 1 heure.
5. Préchauffer le gril à feu moyen.
6. Enfiler les crevettes sur les brochettes, en les perçant une fois près de la tête, puis à travers la queue.
7. Huiler légèrement la grille du gril.
8. Cuire les crevettes sur le gril pendant 2-3 minutes de chaque côté.

Information nutritionnelle :
- Calories : 416
- Lipides totaux : 22g
- Lipides saturés : 12g
- Glucides : 21g
- Protéines : 15g

Filets de porc à la sauge, aux pacanes et à la noix de coco

Ingrédients :
250 ml de vinaigre de vin rouge
5 c. à soupe de conserves de mûres - Sans pépins
½ c. à thé de sel
50 g de noix de coco
500 g de filet de porc
70 g de chapelure
65 g de pacanes hachées finement
4 c. à thé d'huile d'olive
2 oeufs - Battu
Une poignée de feuilles d'épinards - Frais
Quelques mûres - Fraîches

Directions :
1.   Dans une petite casserole, porter le vinaigre à ébullition à feu moyen-vif.
2.   Réduire le feu à moyen et cuire pendant 6 minutes.
3.   Incorporer les conserves et cuire pendant 5 minutes.
4.   Ajouter le sel en remuant.
5.   Retirer la peau argentée du filet. Laissez la fine couche de graisse.
6.   Couper le porc en huit tranches.
7.   Placer le porc entre des feuilles de pellicule plastique.
8.   L'aplatir à ¼ pouce/0,5 cm d'épaisseur.
9.   Dans un bol moyen, incorporer la chapelure, la sauge, les pacanes et la noix de coco.
10.   Battre l'œuf et le mettre dans un bol peu profond.
11.   Enrober le filet de filet dans la chapelure, puis l'œuf, et encore une fois dans la chapelure.
12.   Cuire le porc dans 2 cuillères à café d'huile chaude à feu moyen. Cuire pendant 8 minutes. (Retourner la viande toutes les 2 minutes.)
13.   Verser le vinaigre sur le dessus et garnir.

Information nutritionnelle :
- Calories : 452
- Lipides totaux : 22,4 g
- Lipides saturés : 3,9 g
- Glucides : 33.6g
- Protéines : 29.6g

Poulet à la mangue et à la noix de coco

Ingrédients :
- 200 ml de bouillon de légumes
- 15 g de coriandre/coriandre hachée
- 1 oignon vert haché
- 1 gousse d'ail hachée
- 1 c. à table de jus de lime
- 1 c. à soupe de vinaigre de vin blanc
- ½ c. à thé de sel de mer
- 2 mangues - pelées, hachées et divisées
- ½ c. à thé de piments forts Serrano - Graines, hachées
- 750 g de poitrine de poulet - Lanières
- ¼ c. à thé de sel
- Laitue romaine - Feuilles
- 10x 8 pouces/20 cm tortillas à la farine
- Pics en bois

Directions :

1. Dans un robot culinaire, ajouter le bouillon, la coriandre, la noix de coco, l'oignon, l'ail, le jus de lime, le vinaigre et le sel. Mélangez-le jusqu'à ce qu'il soit lisse.
2. Ajouter 1 mangue hachée, le poivre du Chili et mélanger jusqu'à l'obtention d'un mélange lisse.
3. Verser la moitié du mélange dans un plat ou un sac à congélation en plastique. Ajouter le poulet et laisser durcir pendant une heure.
4. Retirer le poulet et jeter la marinade.
5. Saupoudrer le poulet de sel. (1/4 c. à thé)
6. Griller le poulet à feu moyen-vif (350-400°F/180-200°C) pendant 4 minutes des deux côtés.
7. Déchiqueter le poulet en petits morceaux de la taille d'une bouchée.
8. Remuer le poulet, le reste de la mangue et le mélange de coriandre.
9. Déposer les feuilles de laitue sur les tortillas et garnir de poulet.
10. Rouler les tortillas et les empêcher de se dérouler avec les pics.

Information nutritionnelle :

- Calories : 320
- Lipides totaux : 9g
- Lipides saturés : 3g
- Glucides : 21g
- Protéines : 15g

Flétan thaïlandais

Ingrédients :
- 2 c. à thé d'huile végétale
- 4 échalotes - hachées finement
- 2 ½ c. à thé de pâte de cari rouge
- 500 ml de bouillon de poulet faible en sodium
- 130 ml de lait de coco léger
- ½ c. à thé de sel
- Un trait de sel
- 4x Filets de flétan de 120 g - Enlever la peau
- 1 kg Épinards cuits à la vapeur
- 25 g de coriandre/coriandre hachée
- 2 oignons verts seulement - tranchés minces
- 2 c. à table de jus de lime
- Un trait de poivre noir
- 500 g de riz brun – cuit

Directions :

1. Cuire le riz selon les instructions sur l'emballage.
2. Faire cuire à la vapeur les feuilles d'épinards frais au micro-ondes pendant 2 minutes.
3. Dans une grande poêle, chauffer l'huile d'olive à feu moyen.
4. Ajouter les échalotes et les cuire jusqu'à ce qu'elles soient dorées. Remuez-les de temps en temps.
5. Ajouter la pâte de cari et poursuivre la cuisson jusqu'à ce qu'elle soit parfumée ; 30 secondes.
6. Ajouter le bouillon de poulet, ½ c. à thé de latte et le lait de coco. Laisser mijoter jusqu'à ce qu'elle soit réduite à environ un demi-litre. Cela prendra 5 minutes.
7. Assaisonner le flétan avec un trait de sel.
8. Disposer le poisson dans la casserole.
9. Secouer doucement la sauteuse pour enrober le poisson de sauce.
10. Couvrir le flétan et cuire jusqu'à ce que le poisson se défasse facilement à la fourchette. Cela prendra 7 minutes.
11. Disposer un tas d'épinards au fond d'une assiette creuse.
12. Garnir les épinards de filets de poisson.
13. Incorporer la coriandre des échalotes et le jus de lime dans la sauce.
14. Verser la sauce sur le poisson et servir avec du riz.

Information nutritionnelle :

- Calories : 634
- Lipides totaux : 9g
- Lipides saturés : 8g
- Glucides : 10g
- Protéines : 21g

Soupe thaïlandaise au poulet et à la noix de coco

Ingrédients :
- 1 litre de bouillon de poulet
- 3 feuilles de tilleul Kaffir
- 2 tuiles thaïlandaises - petites, coupées en deux dans le sens de la longueur
- 2 clous de girofle à l'ail - écrasés
- 1 morceau de gingembre frais de 3 po/8 cm, pelé et coupé en 4 morceaux
- 1 tige de citronnelle - partie blanche seulement, fendue au couteau
- 200 g de poulet cuit, râpé
- 400 ml de lait de coco - non sucré
- 240 g de champignons à la paille - rincés
- 2 c. à soupe de sauce de poisson thaïlandaise - Nam Pla
- 1 ½ c. à thé de sucre
- Jus de 4 limes
- Un trait de sel
- Un trait de poivre
- 15 g de coriandre fraîche – hachée

Directions :

1. Porter le bouillon de poulet à ébullition à feu moyen à l'aide d'une marmite à soupe.
2. Ajouter les feuilles de lime, l'ail, les piments, le gingembre et la citronnelle.
3. Régler le feu à moyen-doux.
4. Couvrir la casserole et laisser mijoter pendant 10 minutes.
5. Incorporer le poulet, les champignons, le lait de coco, le sucre, le jus de lime et la sauce de poisson.
6. Laisser mijoter 5 minutes.
7. Saupoudrer de poivre et de sel.
8. Verser la soupe dans un bol à soupe.
9. Garnissez-le de coriandre.
10. Placez les légumes et le chi8cken dans une grande marmite à feu moyen.
11. Verser 3 pintes/environ 3 litres d'eau froide dans la casserole.
12. Ajouter le thym, les grains de poivre et les feuilles de laurier. Laisser bouillir à feu moyen-doux.
13. Pendant la cuisson, retirez les morceaux qui remontent à la surface et ajoutez de l'eau si nécessaire.
14. Sortir le poulet et le placer sur une planche à découper jusqu'à ce qu'il soit suffisamment frais pour être touché. Enlever la peau et enlever les os. Déchiqueter le poulet.
15. Passer le bouillon à travers un tamis (fin) et le mettre dans une autre casserole.
16. Ajouter les légumes au bouillon.

Information nutritionnelle :

- Calories : 455
- Lipides totaux : 9g
- Lipides saturés : 5g
- Glucides : 10g
- Protéines : 16g

Poulet aux noix de cajou

Ingrédients :
- ½ c. à thé de cumin moulu
- ½ c. à thé de coriandre moulue
- ½ c. à thé de Fenugrec de terre
- ½ c. à thé de fenouil broyé
- ¼ c. à thé de cardamome terrestre
- ½ c. à thé de poudre de chili
- 3 c. à soupe d'huile végétale
- 1 échalote - petite, finement hachée
- 2 gousses d'ail écrasées
- 90 g de noix de cajou crues
- 1 c. à table de noix de coco séchée non sucrée
- 1 c. à thé de gingembre râpé
- 1 c. à soupe de pâte de tomates - Double concentré
- Un trait de sel
- 500 ml de lait de coco - divisé
- 500 g de hauts de cuisse de poulet désossés, sans peau

Directions :

1.   Dans un petit bol, ajouter la coriandre, le cumin, le fenugrec, les clous de girofle, le fenouil, la cannelle et la cardamome.
2.   À l'aide d'une petite poêle à frire, faire sauter à feu moyen-élevé.
3.   Ajouter 1 c. à soupe d'huile et d'échalotes. Faites-les sauter jusqu'à ce qu'elles soient jaunes et tendres.
4.   Ajouter l'épice et l'ail ; faire revenir 2 minutes de plus.
5.   Au robot culinaire, réduire les noix de cajou en poudre.
6.   Ajouter le mélange d'épices, le gingembre, la noix de coco, le chili, un trait de sel, la pâte de tomates, 3 c. à soupe de lait de coco et 4 c. à soupe d'eau. Transformez-le en une pâte fine.
7.   Bien enrober tout le poulet avec la pâte et le laisser reposer au réfrigérateur pendant 4 heures.
8.   Dans une grande sauteuse à feu moyen, ajouter l'huile et laisser chauffer.
9.   Déposer le poulet dans la poêle et le faire dorer doucement pendant 4 minutes de chaque côté.
10.   Jeter l'excès d'huile et réduire le feu à un feu moyen-doux.
11.   Verser le lait de coco dans la sauteuse, déglacer et laisser bouillir le lait de coco.
12.   Laisser mijoter (à découvert) pendant 20 minutes ou jusqu'à ce que la sauce soit épaisse.
13.   Servir avec du riz cuit à la vapeur, du roti ou du dosa.

Information nutritionnelle :

- Calories : 760
- Lipides totaux : 66g
- Lipides saturés : 32g
- Glucides : 21g
- Protéines : 27g

Noix de coco, gingembre et riz aux groseilles

Ingrédients :
- 1 c. à soupe d'huile végétale
- ½ Oignon - Petit, haché finement
- 1 gousse d'ail hachée finement
- 1 c. à soupe de gingembre râpé
- 200 g de riz
- 250 ml de lait de coco léger
- 1 ½ c. à table de bouillon de poulet
- 300 ml d'eau
- 150 g de raisins secs

Directions :
1.	Chauffer l'huile dans une poêle de 12 po/30 cm à feu moyen-élevé.
2.	Cuire l'oignon, le gingembre, l'ail et le riz jusqu'à ce que le riz soit doré.
3.	Incorporer le lait de coco et le bouillon.
4.	Porter à ébullition à feu vif.
5.	Réduire le feu à moyen et cuire pendant 5 minutes en remuant fréquemment.
6.	Ajouter l'eau et porter de nouveau à ébullition.
7.	Réduire le feu à doux et laisser mijoter pendant 10 minutes.
8.	Incorporer les raisins secs et laisser bouillir à feu vif.
9.	Réduire le feu à doux et laisser mijoter à couvert pendant encore 5 minutes.

Information nutritionnelle :
- Valeur énergétique : 210
- Lipides totaux : 3g
- Lipides saturés : 0g
- Glucides : 47g
- Protéines : 4g

Rouleaux de Nori

Ingrédients :
- 2 c. à soupe de farine
- 4 c. à thé de poudre de cari
- ¼ c. à thé de Poivre rouge
- 1,3 kg de bifteck de bœuf désossé - coupé en morceaux de 1 pouce/2 cm
- 70 g de carottes miniatures
- 1 grosse pomme de terre - coupée en morceaux de 1 pouce/2 cm
- 450 ml de lait de coco
- 1 Enveloppe de mélange à soupe à l'oignon
- 150 g de petits pois surgelés

Directions :
1.   Dans un grand bol, ajouter la poudre de cari, la farine et le poivron rouge.
2.   Ajouter le bœuf ; mélanger le bœuf pour l'enrober.
3.   Faire dorer le bœuf.
4.   Dans une mijoteuse, ajouter le bœuf et le reste des ingrédients (sauf les petits pois).
5.   Couvrir la cocotte et cuire à feu doux pendant 8-10 heures ou à feu vif pendant 4-6 heures.
6.   Incorporer les petits pois et laisser reposer 5 minutes.

Information nutritionnelle :
- Valeur énergétique : 245
- Lipides totaux : 6g
- Lipides saturés : 2,3 g
- Glucides : 20g
- Protéines : 27g

Paleo Jerk Poulet

Ingrédients :
- 4 poitrines de poulet
- 2 c. à thé d'oignon haché
- 2 c. à thé de thym
- 2 c. à thé de poivre noir
- 2 c. à thé de piment de la Jamaïque
- ½ c. à thé de sel
- ½ c. à thé de Cannelle
- ½ de Nutmeg
- ½ c. à thé de Chipotle moulu
- 1 c. à table de jus de lime
- 1 c. à soupe de jus d'orange
- 60 ml d'amines à la noix de coco ou de sauce soja comme substitut
- 60 ml d'huile d'olive
- 2 c. à soupe de vinaigre de cidre de pomme
- Un grand sac de congélation de 3-4 litres

Directions :
1. Dans un petit bol, ajouter tous les ingrédients (sauf le poulet) et mélanger.
2. Mettre la moitié de la marinade dans le sac à congélation.
3. Mettre le poulet dans le sac ; réfrigérer de 8 à 24 heures.
4. Conserver la marinade supplémentaire dans un bol couvert au réfrigérateur.
5. Réglez votre gril à feu moyen.
6. Griller le poulet de chaque côté pendant 6 à 8 minutes. (La température interne doit indiquer 160°F/70°C)
7. Arroser le poulet 1 à 2 fois pendant la cuisson.
8. Laisser durcir le poulet pendant 3 minutes ; servir avec la salsa.

Information nutritionnelle :
- Calories : 300
- Lipides totaux : 17g
- Lipides saturés : 3g
- Glucides : 12g
- Protéines : 25g

Salade épicée de boeuf et concombre

Ingrédients :
- 2 c. à soupe d'huile de noix de coco
- ½ Oignon brun - en petits dés
- ½ Longue friteuse rouge - En petits dés, désensemencée
- 500 g de boeuf Haché/boeuf haché
- 3 gousses d'ail - en petits dés
- 1 c. à thé de pâte de tomates
- ¾ c. à thé de graines de coriandre moulues
- ¾ c. à thé de cumin moulu
- ½ c. à thé de Paprika
- Un trait de poivre
- Un trait de cannelle
- Une pincée de clou de girofle moulu
- ¾ c. à thé de sel de mer

Salade de cucurbitacées
- 300 g de concombre en dés
- 2 c. à soupe de coriandre/coriandre
- Un trait de poivre
- Un trait de sel
- 2 c. à soupe d'huile d'olive
- 1 c. à soupe de jus de citron
- 10 feuilles de menthe
- Une poignée de noix de cajou fraîches

Vinaigrette Noix de coco et noix de cajou
- 115 g de noix de cajou crues - trempées dans l'eau tiède (1 heure)
- 60 g de flocons de noix de coco
- ½ Gousse d'ail en dés
- 1 c. à soupe de jus de citron
- ¾ c. à thé de pâte Tahini
- 2 c. à soupe d'eau
- Un trait de sel de mer

Directions :

1.   Chauffer l'huile de noix de coco dans une grande poêle à frire et cuire l'oignon et réfrigérer pendant 5 minutes jusqu'à ce qu'il soit doré et tendre.

2.   Réchauffer à feu vif et ajouter le hachis de bœuf.

3.   Séparer à l'aide d'une cuillère en bois, ajouter l'ail et cuire pendant 2-3 minutes jusqu'à ce que la viande soit dorée et que le liquide commence à s'évaporer.

4.   Ajouter les épices, le poivre, le sel et la pâte de tomate.

5.   Cuire encore 5 minutes à feu vif.

6.   Mélanger tous les ingrédients de la salade (sauf la menthe) et mélanger ; réserver.

7.   Mettre tout le raïta de noix de cajou dans un robot culinaire et le mélanger jusqu'à ce qu'il soit lisse.

8.   À l'aide d'une spatule, racler tous les côtés et ajouter juste un peu d'eau pour qu'il ne soit pas aussi épais.

9.   Mélanger le bœuf avec la salade de concombres et servir avec une pincée de vinaigrette, réfrigérer et ajouter la menthe sur le dessus.

Information nutritionnelle :
- Calories : 750
- Lipides totaux : 59 g
- Lipides saturés : 26g
- Glucides : 21g
- Protéines : 42g

Pain à la dinde thaïlandaise

Ingrédients :
- 65 g de beurre d'arachide
- 2 clous de girofle à l'ail - en quartiers
- 1 c. à soupe de gingembre haché
- 1 piment fort - petit, épépiné
- 60 ml d'huile d'arachide
- 2 c. à soupe de sauce soja
- 2 c. à soupe de Splenda
- 2 c. à soupe d'huile de sésame
- 6 oignons verts - moyens, parés, incluant le blanc et le vert
- 20 g de coriandre/coriandre
- 1 tige Lemongrass
- 2 Gousses d'ail
- 500 g de Dinde hachée
- 100 g de riz brun
- 60 ml de lait de coco non sucré et faible en gras
- 1 oeuf - Légèrement battu
- 25 g de chapelure
- 130 g de sauce aux arachides
- 2 c. à soupe d'huile de sésame
- 130 ml de lait de coco
- 65 g de sauce aux arachides supplémentaire
- 1 c. à soupe de sucre
- Spray ou huile de caisson

Directions :

1.   Préchauffez votre four à 400°F/200°C.
2.   Enduire un moule à 6 muffins d'enduit à cuisson antiadhésif ou graisser d'huile de cuisson.
3.   Réduire en purée tous les ingrédients de la sauce aux arachides.
4.   Dans un mélangeur, mélanger la coriandre, les échalotes, la citronnelle et l'ail.
5.   Mettre le mélange est un grand bol à mélanger.
6.   Ajouter la dinde, la moitié de chacun des laits de coco, le riz, la sauce aux arachides et l'huile de sésame.
7.   Mélangez le mélange avec vos mains.
8.   Verser le mélange de dinde dans le moule à muffins.
9.   Cuire la dinde au four jusqu'à ce que le centre indique 170°F/80°C. (30-35 minutes)
10.   Fouetter le lait de coco, le sucre et la sauce aux arachides ensemble.
11.   Chauffer légèrement le mélange sucre/coco.
12.   Verser en filet sur les pains de dinde.

Information nutritionnelle :

- Calories : 470
- Lipides totaux : 33g
- Lipides saturés : 10g
- Glucides : 25g
- Protéines : 20g

Rouleaux de laitue au poulet

Ingrédients :
- 250 g de viande de poulet cuite - hachée et râpée
- 3 Échalotes - parties blanches et vertes
- 40 g de flocons de noix de coco
- 15 g de coriandre/coriandre hachée
- 1 branche de céleri - finement hachée
- 1 tomate Roma - semée, en dés
- 75 g de pois surgelés - décongelés
- 40 g de groseilles sèches
- 60 ml de lait de coco
- 1 ½ c. à thé de cumin
- ½ c. à thé d'ail - granulé
- 60 ml de vinaigre de vin blanc
- Sel de mer
- Laitue à feuilles rouges

Directions :
1.   Dans un bol, mélanger le poulet, les oignons verts, la coriandre, la coriandre, le céleri, la tomate, les pois et les raisins de Corinthe.
2.   Fouetter le lait de coco, la poudre de cari, le cumin, l'ail, le vinaigre et le sel marin.
3.   Ajouter la vinaigrette à la salade et remuer pour l'enrober uniformément.
4.   Servir la salade enveloppée dans des feuilles de laitue.

Information nutritionnelle :
- Calories : 60
- Lipides totaux : 4g
- Lipides saturés : 3g
- Glucides : 7g
- Protéines : 2g

Côtelettes de porc

Ingrédients :
- 4 côtelettes de porc désossées de 1 pouce/2 cm d'épaisseur
- 80 g d'arachides grillées - non salées
- 60 g de flocons de noix de coco
- 70 g de chapelure Panko (chapelure japonaise)
- 1 oeuf - grand
- 1 c. à soupe de lait
- Huile de noix de coco
- Quartiers de citron vert

Farce
- 3 Gousses d'ail
- 1 tranche de gingembre - ¼ Épais de 0,5 cm
- 2 tiges de citronnelle - partie inférieure, hachées
- Une poignée de feuilles de coriandre et de coriandre
- 1 c. à thé d'huile de noix de coco
- 1 cuil. à soupe de sauce de poisson

Directions :

1.   Préchauffer le four à 375°F/190°C.
2.   Enlevez le gras des côtelettes de porc et coupez-les en tranches pour former une poche.
3.   Mettre les arachides dans le robot culinaire jusqu'à ce qu'elles se transforment en miettes. Mettez-le dans un plat peu profond.
4.   Mettre le gingembre, l'ail, la citronnelle, l'huile de noix de coco, la coriandre et la sauce de poisson dans le robot et pulser jusqu'à ce que la pâte soit épaisse.
5.   Remplir les côtelettes avec le mélange et passer un cure-dent à travers la côte de porc.
6.   Battre le lait, la noix de coco et l'œuf dans un bol peu profond.
7.   Tremper les côtelettes de porc dans le mélange aux œufs et les placer dans le mélange panko aux arachides.
8.   Mettre 1/3 pouce/presque 1 cm d'huile dans une grande poêle à frire. Chauffer à feu moyen-élevé.
9.   Frire les côtelettes de porc jusqu'à ce qu'elles soient dorées des deux côtés. (6 minutes des deux côtés)

Information nutritionnelle :

- Valeur énergétique : 270
- Lipides totaux : 18 g
- Lipides saturés : 5g
- Glucides : 22g
- Protéines : 11g

Sésame épicé, noix de coco, poulet au miel cuit lentement

Ingrédients :
- 750 g de poitrines de poulet
- 2 c. à soupe de miel
- 1 c. à thé d'huile de sésame
- 1 ½ c. à soupe de vinaigre de riz
- ½ c. à thé de Sriracha
- 3 c. à soupe d'amandes à la noix de coco
- 2 c. à soupe de pâte de tomates
- 2 c. à soupe d'eau
- 2 c. à thé d'amidon de racine
- 1 clou de girofle à l'ail
- 75 g d'oignon jaune, haché finement
- 1 c. à thé de piments jalapeno hachés
- Quartiers de citron vert
- Quelques graines de sésame
- 1 échalote, hachée

Directions :
1. Ajouter l'huile de sésame, le miel, les aminos, la pâte de tomate, le vinaigre de riz et le sriracha dans un bol moyen.
2. L'ail, c'est à moi.
3. Hacher finement l'oignon.
4. Épépiner les poivrons et les hacher finement.
5. Ajouter l'ail, l'oignon et les poivrons dans le bol.
6. Dans un autre bol, mélanger l'eau et l'amidon. Ajoutez-le au mélange.
7. Mettre le poulet dans la mijoteuse et verser la sauce/pâte avec le reste des ingrédients sur le dessus.
8. Cuisez-le à feu vif pendant 3 ½ heures ou à feu doux pendant 5-7 heures.

Information nutritionnelle :
- Valeur énergétique : 280
- Lipides totaux : 8g
- Lipides saturés : 2g
- Glucides:18g
- Protéines : 37g

Mini curseur à crevettes avec sauce tropicale

Ingrédients :

- 1x - 360 g Paquet de crevettes à la noix de coco
- 75 g de mayonnaise
- 5 tranches de fromage Muenster - Coupez-les en deux et repliez-les ensuite
- Laitue verte - Déchiqueter en 10 morceaux
- 10 Rouleaux de pommes de terre à la taille d'une fête - coupés en deux

Directions :

1.   Cuire les crevettes à la noix de coco en suivant le mode de cuisson sur l'emballage. Enlevez les queues.
2.   Combiner 2 c. à soupe de mayonnaise avec la sauce à trempette incluse dans l'emballage de crevettes à la noix de coco.
3.   Étendre uniformément les rouleaux avec le mélange.
4.   Ajouter un morceau de laitue aux petits pains, puis les crevettes et le fromage.
5.   Poussez un cure-dent à travers le dessus et garnissez d'un cube de mangue, d'ananas ou de papaye.

Information nutritionnelle :

- Calories : 200
- Lipides totaux : 10g
- Lipides saturés : 1g
- Glucides : 35g
- Protéines : 4g

Soupe au poulet

Ingrédients :
- 750 ml de bouillon de poulet
- 1 morceau de gingembre de la taille d'un pouce - tranché
- 250 ml de lait de coco
- 1 cuil. à soupe de sauce de poisson
- 180 g de poulet
- 75 g de champignons - égouttés, rincés
- 1 Carotte - Moyenne, julienne
- 2 c. à table de jus de lime
- 15 g de coriandre/coriandre hachée finement

Directions :
1.   Dans une grande casserole, ajouter le bouillon de poulet et le gingembre. Porter à ébullition et laisser mijoter 5 minutes.
2.   Incorporer le lait de coco, l'agave, la sauce de poisson, la carotte et les champignons.
3.   Ajouter le jus de lime et la coriandre avant de servir.

Information nutritionnelle :
- Valeur énergétique : 290
- Lipides totaux : 18 g
- Lipides saturés : 13g
- Glucides : 9g
- Protéines : 17g

Coulisses de porc à la noix de coco aigre-douce

Ingrédients :
Salade de chou
- 150 g de chou vert - tranché finement
- 150 g de chou rouge en fines tranches
- 2 c. à soupe de vinaigre de riz assaisonné
- 1 c. à thé d'huile de sésame
- ¼ c. à thé de sel
- ¼ c. à thé de poivre noir
- 4 oignons verts - tranchés finement

Porc
- 120 ml de jus d'orange
- 130 g de sauce soja
- 50 g de cassonade
- 2 ½ c. à soupe de vinaigre de riz assaisonné
- 2 c. à soupe d'huile de sésame
- ½ c. à thé de poivre noir
- 2 gousses d'ail hachées finement
- 1x 1 morceau de 2 cm de gingembre, pelé et haché finement
- Zeste de 1 orange - Grand
- 750 g Livres de filet de porc - parées
- 2 cuil. à café d'Arrowroot
- 10-12 Mini rouleaux d'Hawaï - coupés en deux, à l'horizontale
- 80 g de flocons de noix de coco

Directions :
1.   Pour la salade de chou : Mélanger le chou rouge et vert, l'huile, le vinaigre, le poivre, le sel et les oignons verts dans un grand bol. Mélangez-le et placez-le au réfrigérateur pendant que vous préparez le porc.
2.   Pour le porc : Dans un grand bol, fouetter le jus d'orange, la cassonade, la sauce soya, le vinaigre, l'huile de sésame, l'ail, le poivre, le gingembre et le zeste d'orange ensemble.
3.   Ajouter le filet et bien l'enrober. Réfrigérer pendant 1 heure.
4.   Préchauffer le four à 425°F/220°C.
5.   Déposer le porc sur un plat antiadhésif et le faire rôtir jusqu'à ce que le thermomètre indique 145 °F/60 °C (25 à 30 minutes).
6.   Retirer le porc du four et laisser reposer 5-10 minutes.
7.   Verser la marinade dans une casserole et incorporer l'arrow-root en fouettant. Porter à ébullition à feu moyen-vif.
8.   Une fois la sauce épaissie, la retirer du feu.
9.   Transférer le filet sur une planche à découper et le couper ¼ - 1/3 pouce/0,5 cm d'épaisseur.
10.   Répartir le porc sur les petits pains et napper avec la sauce, la noix de coco et la salade de chou.

Information nutritionnelle :
- Calories : 320
- Lipides totaux : 17g
- Lipides saturés : 6g
- Glucides : 19g
- Protéines : 31g

Aubergine à la noix de coco aigre-douce

Ingrédients

- 500 ml d'huile d'olive vierge
- 2 c. à soupe d'huile d'olive vierge supplémentaire - Cuisson
- 2 aubergines de taille moyenne - tranchées à ½ Pouces/1 cm
- 2 oignons rouges de taille moyenne - ½ Pouce Dictée / 0,5 cm
- 3 côtes de céleri - coupées en morceaux de 1 cm / 1 cm ½
- 250 ml de vinaigre de vin blanc
- 3 c. à soupe de sucre
- 60 g de flocons de noix de coco
- Un trait de sel
- Un trait de poivre

Directions :

1.   Dans une grande poêle, chauffer l'huile jusqu'à ce qu'elle soit presque fumée.
2.   Ajouter très soigneusement les tranches d'aubergines ; travailler par lots. Ne pas encombrer la casserole.
3.   Cuire l'aubergine jusqu'à ce qu'elle soit dorée des deux côtés. Déposer les morceaux cuits sur un moule tapissé d'essuie-tout.
4.   Dans une grande poêle, ajouter 2 cuil. à soupe d'huile jusqu'à ce qu'elle soit presque fumée.
5.   Ajouter le céleri et les oignons ; les faire revenir jusqu'à ce qu'ils soient dorés.
6.   Retirer du feu, puis ajouter le vinaigre, les flocons de noix de coco, le sel, le poivre et le sucre.
7.   Mettre les aubergines refroidies dans un grand bol à mélanger. Couvrir avec le mélange de vinaigre et laisser reposer pendant 1 heure.

Information nutritionnelle :

- Calories : 358
- Lipides totaux : 19 g
- Lipides saturés : 17g
- Glucides : 13g
- Protéines : 5g

Souvlaki de porc aux abricots à la noix de coco et au miel

Ingrédients :
Souvlaki
- 2 échalotes hachées
- 2 gousses d'ail hachées finement
- 2 c. à soupe d'origan
- 1 piment jalapeño - épépiné, haché finement
- Jus de 1 citron
- 120 ml d'huile d'olive
- 1 kg de filet de porc - coupé 1 ½ - 2 pouces/2-3 cm d'épaisseur

Abricots
- Jus de 3 citrons verts
- 180 ml de vin rosé sec ou de vin blanc
- 90 g de miel
- 1 échalote - hachée finement
- 12 gros abricots secs
- 1 c. à soupe de menthe hachée
- 1 c. à table de noix de pin grillées
- Yogourt grec

Directions :

1.   Ajouter les échalotes, l'origan, l'ail, le jus de citron, le jalapeno et l'huile d'olive dans un grand sac à congélation.

2.   Ajouter le porc dans le sac et laisser reposer au réfrigérateur pendant 3 heures.

3.   Tremper 12-16 brochettes de bois dans l'eau pendant 20 minutes.

4.   Faire mijoter le vin, le miel, le jus de lime et l'échalote dans une casserole moyenne à feu moyen.

5.   Ajouter les abricots et les cuire dans le mélange jusqu'à ce qu'ils soient sirupeux ; 12 minutes.

6.   Préchauffer votre gril à feu moyen.

7.   Retirer le porc du sac et enfiler 2 morceaux sur les brochettes.

8.   Grillez-les jusqu'à ce qu'elles soient complètement cuites ; 3-5 minutes de chaque côté.

9.   Incorporer les pignons de pin et la menthe au mélange.

10.   Servir avec une cuillerée de yogourt et le mélange.

Information nutritionnelle :

- Calories : 477
- Lipides totaux : 19 g
- Lipides saturés : 3g
- Glucides : 28g
- Protéines : 44g

Porchetts à faible teneur en glucides

Ingrédients :
- 240 g de Panetta - finement haché
- 10 gousses d'ail hachées finement
- Zeste de 3 citrons
- Zeste de 1 Orange
- 15 g de persil
- Laisser de côté 4 branches de romarin
- 2 c. à soupe de flocons de poivrons rouges
- 2 c. à soupe de câpres, rincées et hachées
- 40 g de viande de noix de coco
- Sel
- 1x - 4-5 kg Jambon désossé désossé - avec peau

Directions :
1.   Préchauffer le four à 350°F/180°C.
2.   Mettre la pancetta et la noix de coco dans un robot culinaire et pulser jusqu'à obtention d'une pâte.
3.   Transférez-le dans un bol et mélangez-le à la main avec les zestes, l'ail, le persil, le poivron rouge, le romarin, les câpres et 2 c. à table de sel jusqu'à ce qu'il soit bien mélangé.
4.   Déposer le jambon (côté chair vers le haut) sur une planche à découper. Marquer la viande.
5.   Frotter le mélange de pancetta dans la viande.
6.   Retournez le jambon de l'autre côté et marquez-le.
7.   Mettre le porc dans une rôtissoire ; mettre au four pendant 2 heures.
8.   Tourner la température du four jusqu'à 400 °F/200 °C et rôtir jusqu'à ce que la température interne du porc atteigne 170 °F/80 °C. (1,5 heure).
9.   Retirer le jambon du four et le laisser reposer 30 minutes.

Information nutritionnelle :
- Calories : 330
- Lipides totaux : 32g
- Lipides saturés : 3g
- Glucides : 0g
- Protéines : 11g

Bacon hawaïen

Ingrédients :
- 2,5 kg de poitrine de porc - avec la peau
- 60 g de sel
- 80 ml d'huile de noix de coco
- 2 c. à thé de sel de cuisine rose
- 50 g de Sucre brun foncé
- 90 g de miel
- 2 c. à soupe de flocons de poivrons rouges
- 2 c. à soupe de paprika fumé
- 1 c. à thé de graines de cumin

Directions :
1. Rincez la poitrine de porc et essuyez-la.
2. Transférez-le dans un sac de congélation de 2 à 3 litres de 2 gallons refermable.
3. Dans un grand bol, ajouter le sel, la cassonade, le sel rose, le miel, le poivre rouge, le cumin, l'huile de coco, le paprika et le cumin. Mélangez bien le tout.
4. Bien enrober la poitrine de porc.
5. Laisser reposer la poitrine de porc dans le mélange au réfrigérateur pendant 7 à 10 jours. Retournez-le une fois par jour.
6. Retirer le porc du sac et bien le rincer, puis l'assécher en le tapotant.
7. Réfrigérer de nouveau le porc pendant 2 jours.
8. En utilisant le fumoir selon les instructions du fabricant, utilisez des copeaux de bois de pommier et réglez le fumoir à 200°F/90°C.
9. Fumez le porc pendant 3 heures ou la température interne monte à 150°F/60°C.
10. Couper le bacon en tranches et le faire frire dans une grande poêle.

Information nutritionnelle :
- Calories : 46
- Lipides totaux : 4g
- Lipides saturés : 1g
- Glucides : 1g
- Protéines : 3g

Dinde saumurée

Ingrédients :
- 1x 10 kg Dinde
- 270 g de sel
- 4 litres d'eau
- 100 g de sucre
- 220 g de beurre de coco fondu
- 25 g de fines herbes
- 1 grande bouilloire

Directions :
1. Combiner tous les ingrédients dans un grand contenant.
2. Remuez jusqu'à ce que le sucre et le sel soient dissous.
3. Rincez soigneusement la dinde.
4. Mettre la dinde dans la saumure et la recouvrir d'une pellicule plastique.
5. Retourner la dinde plusieurs fois pour obtenir une saumure homogène.
6. Retirez-le de la saumure et rincez-le soigneusement.
7. Faites-le rôtir au four à 325°F/160°C pendant 20 minutes par livre.

Information nutritionnelle :
- Calories : 153
- Lipides totaux : 1g
- Lipides saturés : 0g
- Glucides : 0g
- Protéines : 34g

Médaillons de porc

Ingrédients :
- 350 ml de cidre de pomme
- 3 c. à soupe de fécule de maïs
- 90 g de sirop d'érable pur
- 110 g de beurre de coco
- 2 c. à soupe de vinaigre de cidre de pomme
- 2 c. à thé de moutarde en poudre
- ¼ c. à thé de poivre
- ½ c. à thé Cannelle de Saïgon
- ¼ c. à thé de piment de la Jamaïque
- 750 g de filet de porc - coupé en médaillons
- 1 c. à table d'huile de canola
- 2-3 pommes - filées, tranchées

Directions :
1.   Dans un grand bol, ajouter la fécule de maïs et le cidre de pomme, le sirop d'érable, la moutarde, le beurre de coco, le vinaigre, le poivre, le piment de Jamaïque et la cannelle. Fouettez-le bien.
2.   Dans une grande poêle à feu moyen-élevé, ajouter l'huile.
3.   Mettre les médaillons de porc dans la poêle et les dorer jusqu'à ce qu'ils soient dorés des deux côtés. (2 minutes)
4.   Poursuivre la cuisson pendant 4 à 6 minutes jusqu'à ce que la température interne atteigne 145°F/60°C.
5.   Ajouter le mélange d'érable dans la casserole et porter à ébullition.
6.   Ajouter les tranches de pommes et bien mélanger. Cuire à couvert pendant 4 à 6 minutes.
7.   Ajouter le porc dans la poêle et laisser mijoter 1 à 2 minutes.

Information nutritionnelle :
- Calories : 477
- Lipides totaux : 19 g
- Lipides saturés : 3g
- Glucides : 28g
- Protéines : 44g

Côtelettes de porc BBQ aux pêches

Ingrédients :
- 1,5 kg de longe de porc désossée
- 1 c. à soupe d'huile de noix de coco
- Sel
- Poivre
- 4 Pêches
- 180 g de Ketchup
- 180 ml de Bourbon
- 30 g de miel
- 1 c. à thé de poivre rouge concassé

Directions :
1. Trancher la longe de porc en 6 côtelettes.
2. Assaisonner le porc avec le poivre, le sel et un peu d'huile de coco.
3. Enveloppez-le dans une pellicule plastique et placez-le au réfrigérateur.
4. Epluchez et épépinez les pêches. Réduire les pêches en purée jusqu'à ce qu'elles soient lisses et les passer dans une passoire. Gardez le jus.
5. Mettre le jus dans une grande casserole avec le poivron rouge.
6. Ajouter le bourbon et le laisser brûler.
7. Ajouter le miel et le ketchup et laisser mijoter le mélange pendant 5 minutes.
8. Retirer le porc et le marquer légèrement sur le gril. Mets-le dans la casserole.
9. Badigeonner le porc de sauce et le rôtir à 350°F/180°C.
10. Cuire le porc jusqu'à ce qu'il atteigne 145 °F/60 °C à l'intérieur.

Information nutritionnelle :
- Calories : 440
- Lipides totaux : 12g
- Lipides saturés : 8g
- Glucides : 30g
- Protéines : 32g

Sauté de poulet

Ingrédients :
- 1 c. à soupe d'huile de noix de coco
- 25 g de carottes fraîches tranchées
- 2 c. à thé d'ail haché
- 2 c. à thé de gingembre haché
- 125 g de poulet cuit
- 2 c. à thé de sauce Hoisin
- 2 c. à soupe de sauce soya faible en sodium
- 75 g de champignons frais tranchés
- 1 boisseau d'oignons verts hachés
- 90 g de brocoli haché

Directions :
1. Chauffer l'huile de coco dans une grande poêle à feu vif.
2. Ajouter les carottes, le gingembre et l'ail.
3. Cuire les carottes jusqu'à ce que le mélange soit tendre.
4. Incorporer le poulet, la sauce soja et la sauce hoisin.
5. Remuer le mélange pendant 3-4 minutes.
6. Ajouter les échalotes, les champignons et le brocoli.
7. Cuire le mélange encore 2 minutes et servir le plat.

Information nutritionnelle :
- Valeur énergétique : 235
- Lipides totaux : 3g
- Lipides saturés : 1g
- Glucides : 2g
- Protéines : 30g

Poulet frit

Ingrédients :
- 2,5 kg de cuisse de poulet - quartiers
- 1 c. à thé de sel
- 1 c. à thé de poivre
- 1 c. à thé de poudre d'ail
- 1 cuil. à café de Paprika
- 110 g de farine de noix de coco
- Huile Végétale

Directions :
1. Dans un grand bol, ajouter le sel, le poivre, le paprika, la poudre d'ail et le poulet.
2. Utilisez vos mains pour masser les assaisonnements dans la viande. S'assurer qu'il est bien enduit.
3. Couvrir le poulet et le mettre au réfrigérateur pendant au moins 2 heures ; une nuit est préférable.
4. Ajoutez votre farine de noix de coco au poulet et mélangez-la pour bien l'enrober.
5. Chauffer l'huile dans une grande poêle à frire à 375°F/190°C ; la profondeur doit être d'au moins 2 pouces/5 cm. (Les casseroles en fonte fonctionnent mieux.)
6. Ajouter le poulet dans la poêle par lots. Assurez-vous de ne pas trop entasser le poulet, sinon il ne sera pas croustillant.
7. Cuire le poulet pendant 8 minutes des deux côtés jusqu'à ce qu'il soit doré.
8. À l'aide d'un thermomètre, assurez-vous que l'intérieur du poulet est à au moins 165°F/70°C.

Information nutritionnelle :
- Calories : 425
- Lipides totaux : 32g
- Lipides saturés : 7g
- Glucides : 1g
- Protéines : 34g

Rasoir rapide

Ingrédients :
- 750 g de filets de vivaneau rouge désossés
- 2 c. à soupe d'huile végétale divisée
- 1 piment chili Pasilla - séché
- 1 oignon - moyen, haché
- 1 poivron rouge haché
- 90 g de champignons Chiitake - tranchés
- 1 ½ c. à thé de gingembre râpé
- 2 c. à thé d'ail haché
- 1 Chili De Arbol - haché
- 120 ml de lait de coco
- 60 ml de mayonnaise
- 2 c. à thé de bouillon de poulet
- 130 ml d'eau bouillie

Directions :

1. Retirer la tige et les graines du piment. Faire griller dans une poêle sèche à feu moyen. (Appuyez avec une spatule.)
2. Verser 130 ml d'eau bouillante sur le chili. Couvrir et laisser tremper 10 minutes.
3. Dans un petit robot culinaire, mélanger le chili de pasille et le liquide de trempage et mettre de côté.
4. Saupoudrer le vivaneau de bouillon. Chauffer 1 c. à soupe d'huile dans une poêle de 12 po/30 cm de profondeur à feu moyen-élevé.
5. Cuire le vivaneau avec le côté chair vers le bas jusqu'à ce qu'il soit doré. Cela prendra 3 minutes.
6. Dans la même poêle, chauffer le reste de 1 c. à soupe d'huile et cuire le poivron rouge, l'oignon et les champignons ; remuer fréquemment.
7. Incorporer le gingembre, le chili et l'ail ; cuire pendant 30 secondes.
8. Incorporer la purée de piment pasille et cuire en remuant de temps en temps, jusqu'à ce qu'elle soit épaisse. (2 minutes)
9. Incorporer le lait de coco et l'eau. Porter à ébullition à feu vif.
10. Réduire le feu à doux et ajouter le vivaneau.
11. Laisser mijoter le vivaneau jusqu'à ce qu'il s'écaille ; 5 minutes.
12. Incorporer la mayonnaise en fouettant doucement.

Information nutritionnelle :

- Valeur énergétique : 270
- Lipides totaux : 17g
- Lipides saturés : 5g
- Glucides : 5g
- Protéines : 25g

Nouilles à la noix de coco

Ingrédients :
- 500 ml de bouillon de poulet
- 1 tige de citronnelle - tranchée finement
- 1 pouce/3 cm de racine de gingembre - tranchée finement
- 1 clou de girofle à l'ail - gros, haché finement
- 360 g de nouilles de varech - rincées, égouttées
- 1 bande d'algues - Wakame, hachée 2 morceaux de 2 pouces
- 150 g de champignons Shitake - tranchés finement
- 500 ml de lait de coco
- 1 c. à soupe de pâte miso
- 1 cuil. à café d'amines de noix de coco
- 11 Limes - Jus de fruits
- 4 coriandre - hachée

Directions :
1.   Dans une grande marmite, ajouter les 6 premiers ingrédients et les amener à une légère vapeur.
2.   Eteindre le feu, le couvrir hermétiquement avec un couvercle et laisser infuser pendant au moins 20 minutes.
3.   Ajoutez les gâteaux de merde et le lait de coco.
4.   Ramenez-le à une légère vapeur.
5.   Fouetter le reste des ingrédients, garnir avec la coriandre et quelques tranches et quartiers de lime.

Information nutritionnelle :
- Calories : 460
- Lipides totaux : 32g
- Lipides saturés : 26g
- Glucides : 15g
- Protéines : 26g

Cari de porc à la noix de coco de Ceylan

Ingrédients :
- 4 c. à soupe d'huile
- 20 feuilles de cari
- ¼ c. à thé de Graines de fenugrec
- 2 oignons - gros, tranchés
- 5 gousses d'ail hachées
- 1 c. à soupe de gingembre haché
- 2 kg de porc
- 3 c. à soupe de poudre de cari
- 2 Carrés - hachés
- 2 c. à thé de sel
- 2 c. à soupe de vinaigre
- 2 c. à thé de sucre
- 250 ml d'eau chaude
- 390 ml de lait de coco

Directions :
1.   Ajouter l'huile dans une poêle moyenne.
2.   Ajouter les feuilles de curry et les graines de fenugrec. Chauffer pendant 1 à 2 minutes.
3.   Ajouter l'ail, les oignons et le gingembre. Faire revenir à feu moyen jusqu'à ce qu'elle soit dorée. (20 minutes)
4.   Ajouter les dés de porc, les piments, la poudre de cari, le sel, le sucre et le vinaigre. Mélangez le porc avec le mélange d'épices.
5.   Ajouter l'eau chaude et couvrir la casserole d'un couvercle. Laisser mijoter pendant 1,5 à 2 heures.
6.   Ajouter le lait de coco. Laisser mijoter pendant 10 minutes.
7.   Servir avec du riz cuit à la vapeur.

Information nutritionnelle :
- Calories : 910
- Lipides totaux : 55g
- Lipides saturés : 27g
- Glucides : 18g
- Protéines : 88g

Noix de coco grillée

Ingrédients :
- 2 Avocats mûrs (tranchés et dénoyautés)
- 200 g d'Edamame - décortiqué
- 80 g de noix de coco non sucrée - grillée
- 2 c. à soupe d'oignon rouge en dés
- 2 c. à soupe de persil haché
- 2 c. à soupe de Nori haché
- 1 c. à thé de moutarde de Dijon
- 1 c. à thé d'huile de sésame
- 1 cuil. à café de sauce soja
- 3 c. à soupe de jus de citron
- 2 c. à soupe d'huile d'olive
- Un trait de poivre
- Un trait de sel

Directions :
1.   Dans un grand bol, ajouter l'edamame, la noix de coco, l'oignon rouge, le persil, les graines de sésame et le nori.
2.   Dans un petit bol, ajouter l'huile de sésame, la moutarde, la sauce soya et le jus de citron.
3.   Incorporer lentement l'huile d'olive au mélange de moutarde en fouettant. Ajouter le sel et le poivre au goût.
4.   Verser la garniture dans l'avocat.

Information nutritionnelle :
- Valeur énergétique : 260
- Lipides totaux : 29g
- Lipides saturés : 7g
- Glucides : 18g
- Protéines : 8g

Crevettes et carottes Noix de coco-Gingembre Quinoa

Ingrédients :
- Huile d'olive
- 170 g de quinoa
- 500 ml de bouillon de poulet
- 3 c. à soupe de flocons de noix de coco
- 25 g de carottes râpées
- 40 g d'oignon en dés
- 1 c. à thé de gingembre râpé
- ½ c. à thé d'ail haché
- 10 Crevettes déveinées
- Jus de lime
- Coriandre - Garniture

Directions :
1.   Cuire le bouillon et le quinoa en suivant les instructions sur l'emballage.
2.   Faire griller les flocons de noix de coco dans une poêle de taille moyenne et réserver.
3.   Enduire une grande poêle d'huile d'olive et y faire revenir les carottes et les oignons jusqu'à ce qu'ils soient tendres.
4.   Ajouter le gingembre et l'ail et cuire encore une minute. Mettez-le de côté.
5.   Dans la même poêle, faire revenir les crevettes jusqu'à ce qu'elles soient dorées.
6.   Lorsque le quinoa est cuit, ajouter les flocons de noix de coco, les oignons, les carottes, le gingembre et l'ail.
7.   Ajouter la coriandre hachée et le jus de lime.
8.   Garnissez-le de crevettes.

Information nutritionnelle :
- Valeur énergétique : 210
- Lipides totaux : 23g
- Lipides saturés : 7g
- Glucides : 76g
- Protéines : 20g

Poulet à la noix de coco

Ingrédients :
- 110 g de farine - divisée
- 1 Oeuf
- 120 g de flocons de noix de coco - sucrés
- ½ c. à thé de poudre d'ail
- ½ c. à thé de sel
- ¼ c. à thé de poivre
- 4 morceaux de poitrine de poulet désossée
- 55 g de beurre fondu

Directions :
1.   Préchauffez votre four à 400°F/200°C.
2.   Tapisser une plaque à pâtisserie de papier parchemin.
3.   Mettre la moitié de la farine dans un grand bol et réserver.
4.   Dans un autre bol, battre l'œuf.
5.   Dans un autre bol, ajouter le reste de la farine avec la noix de coco, le sel, le poivre et la poudre d'ail.
6.   Tremper le poulet dans la farine et bien l'enrober.
7.   Tremper le poulet dans l'œuf battu puis dans le mélange de noix de coco.
8.   Déposer sur la plaque à pâtisserie tapissée.
9.   Lorsque tout le poulet est enrobé, cuire le poulet au four de 30 à 40 minutes. (Retournez le poulet à mi-chemin.)

Information nutritionnelle :
- Calories : 510
- Lipides totaux : 30g
- Lipides saturés : 21g
- Glucides : 29g
- Protéines : 31g

Curry de crevettes à la noix de coco

Ingrédients :
- 2 c. à soupe de beurre
- 750 g de crevettes
- 1 oignon moyen - en petits dés
- 4 gousses d'ail hachées
- 1 c. à table de cari en poudre
- 200 ml de lait de coco
- ¼ c. à thé de sel
- Jus de lime
- Sauce piquante
- 12 feuilles de basilic
- 400 g de riz basmati - cuit

Directions :
1.   Dans une grande poêle à feu moyen, ajouter le beurre.
2.   Cuire les crevettes de chaque côté pendant 3 minutes. (Cuire jusqu'à ce qu'ils soient opaques.) Réserver.
3.   Ajouter l'oignon, l'ail et le gingembre dans la poêle.
4.   Saupoudrer le curry sur le dessus.
5.   Ajouter le lait de coco et remuer le mélange.
6.   Ajouter le jus de lime, la sauce piquante et le miel.
7.   Cuire à feu moyen jusqu'à ce qu'il bouillonne.
8.   Ajouter les crevettes et le basilic. Laisser cuire encore une minute.
9.   Mettre une cuillerée de mélange de crevettes sur le riz.

Information nutritionnelle :
- Valeur énergétique : 210
- Lipides totaux : 23g
- Lipides saturés : 16g
- Glucides : 23g
- Protéines : 29g

Mayo au chili doux

Ingrédients :
- 230 g de mayonnaise
- 2 c. à soupe de sauce chili sucrée
- 1 c. à thé de sauce piquante
- 500 g de crevettes - décortiquées, garder la queue
- 65 g de farine
- 1 Oeuf
- 2 c. à soupe de lait de coco
- Un trait de sel
- Un trait de poivre
- 45 g de chapelure Panko
- 60 g de flocons de noix de coco sucrée
- Huile de friture

Directions :
1.   Dans un petit bol, ajouter la sauce chili sucrée, la mayonnaise et la sauce piquante.
2.   À l'aide d'un couteau à éplucher, couper la partie médiane du dos des crevettes en profondeur ; jeter la veine noire.
3.   Dans trois bols peu profonds, mettez la farine dans un, fouettez l'œuf dans un autre, et mettez la noix de coco dans le dernier.
4.   Combiner le panko aux flocons de noix de coco.
5.   Dans une grande poêle, ajouter 2 pouces/5 cm d'huile et chauffer à feu moyen jusqu'à 350°F/180°C.
6.   Pendant que l'huile chauffe, tremper les crevettes dans la farine et secouer l'excédent.
7.   Tremper les crevettes dans l'œuf, puis les flocons de noix de coco.
8.   Frire les crevettes en petites quantités pendant 3 minutes jusqu'à ce qu'elles soient dorées des deux côtés.
9.   Servir les crevettes avec de la mayonnaise sucrée au chili pour tremper les crevettes.

Information nutritionnelle :
- Calories : 410
- Lipides totaux : 22g
- Lipides saturés : 9g
- Glucides : 26g
- Protéines : 28g

Brocoli et arachide

Ingrédients :
- Paquet de 420 g de tofu ferme
- 400 g de riz cru - brun
- ½ c. à thé de sel
- 350 ml de bouillon de légumes
- 1 c. à soupe de cassonade légère
- 2 c. à table de jus de lime
- 2 c. à soupe de sauce chili - sucrée
- 2 c. à soupe de beurre d'arachide - crémeux
- 1 c. à soupe de sauce soya - Lite
- 1 c. à thé de gingembre
- ¾ c. à thé de fécule de maïs
- 1 c. à soupe d'huile végétale ou d'arachide
- 1 c. à thé d'huile de sésame - Foncé
- 350 g de fleurons de brocoli
- 50 g de bâtonnets de carottes
- 2 c. à soupe d'arachides hachées
- Quartiers de lime pour garnir

Directions :
1. Mettre le tofu entre 2 assiettes plates.
2. Placez une lourde boîte de conserve sur les assiettes.
3. (Le tofu doit sortir par les côtés et laisser reposer pendant 45 minutes).
4. Couper le tofu en cubes d'un demi-pouce.
5. Cuire le riz en suivant les instructions sur l'emballage et ajouter le sel.
6. Dans un bol à mélanger moyen, ajouter l'huile et le tofu.
7. Ajouter les légumes et les faire revenir jusqu'à ce qu'ils soient dorés ; 10 minutes.
8. Ajouter le tofu et faire revenir 5 minutes de plus.
9. Ajouter la marinade et porter à ébullition ou jusqu'à ce qu'elle soit épaisse.

Information nutritionnelle :
- Calories : 400
- Lipides totaux : 13g
- Lipides saturés : 2,1 g
- Glucides : 58g
- Protéines : 15.3g

Côte de bœuf à l'ail et à la noix de coco

Ingrédients :
- 1x 5 kg Côte de bœuf
- 10 gousses d'ail hachées finement
- 2 c. à soupe d'huile de noix de coco
- 2 c. à thé de sel
- 2 c. à thé de poivre noir
- 2 c. à thé de thym

Directions :
1. Placer le rôti dans une rôtissoire (côté gras vers le haut).
2. Dans un bol à mélanger moyen, ajouter l'huile de noix de coco, l'ail, le sel, le thym et le poivre.
3. Étendre le mélange sur la partie grasse du rôti et laisser reposer à température ambiante pendant 45 minutes.
4. Préchauffer le four à 500°F/260°C.
5. Cuire le rôti au four pendant 20 minutes, puis réduire le feu à 325 °F/160 °C.
6. Poursuivre la cuisson au four de 60 à 75 minutes.
7. Laisser reposer le rôti pendant 10 à 15 minutes avant de le couper.

Information nutritionnelle :
- Calories : 537
- Lipides totaux : 24g
- Lipides saturés : 10g
- Glucides : 0g
- Protéines : 58g

Saumon grillé de l'Alaska

Ingrédients :
- 8x 120 g Filet de saumon
- 130 ml d'huile de coco
- 4 c. à soupe de sauce soya
- 4 c. à soupe de vinaigre balsamique
- 4 c. à soupe d'oignons verts hachés
- 3 c. à thé de cassonade
- 2 gousses d'ail hachées finement
- 1 ½ c. à thé de gingembre moulu
- 2 c. à thé de flocons de poivrons rouges
- 1 c. à thé d'huile de sésame
- ½ c. à thé de sel

Directions :
1.   Déposer les filets dans un plat en verre moyen.
2.   Dans un bol à mélanger moyen, mélanger l'huile, la sauce soya, les oignons verts, le vinaigre, la cassonade, le gingembre, l'ail, le poivre, le sel et l'huile de sésame. Fouettez-le bien ensemble.
3.   Versez-le sur le poisson et couvrez-le. Laisser reposer au réfrigérateur pendant 4 à 6 heures.
4.   Préparer le gril avec du charbon à 5 pouces/12 cm de la grille.
5.   Griller le poisson à 5 pouces/12 cm des braises pendant 10 minutes.

Information nutritionnelle :
- Valeur énergétique : 280
- Lipides totaux : 13g
- Lipides saturés : 3g
- Glucides : 0g
- Protéines : 39g

Côtelettes de porc à la sauce framboise et noix de coco

Ingrédients :
- ½ c. à thé de thym
- ½ c. à thé de Sauge
- ¼ c. à thé de sel
- ¼ c. à thé de poivre
- 4x 120 g Côtelettes de longe de porc désossée
- 1 c. à soupe de beurre de noix de coco
- 1 c. à soupe d'huile de noix de coco
- 30 g de confiture de framboises - sans pépins
- 2 c. à soupe de jus d'orange
- 2 c. à soupe de vinaigre de vin blanc
- 4 branches de thym

Directions :
1.   Préchauffer à 200°F/90°C.
2.   Dans un petit bol, mélanger la sauge, le thym, le sel et le poivre.
3.   Frotter uniformément sur les côtelettes de porc.
4.   Faire fondre le beurre de coco et l'huile de coco dans une poêle antiadhésive.
5.   Cuire le porc pendant 4-5 minutes de chaque côté (en le retournant une fois).
6.   Retirer le porc et le mettre au four préchauffé dans une casserole pour le garder au chaud.
7.   Dans une autre poêle, mélanger la confiture, le vinaigre et le jus. Porter à ébullition et cuire pendant 2 à 3 minutes.
8.   Verser la sauce sur les côtelettes de porc à la cuillère.

Information nutritionnelle :
- Valeur énergétique : 218
- Lipides totaux : 7g
- Lipides saturés : 4g
- Glucides : 0g
- Protéines : 14g

Ananas et noix de coco Poulet tendres

Ingrédients :
- 130 ml de jus d'ananas
- 110 g de beurre de coco
- 80 g de sauce soja légère
- 1 kg de lanières de poitrine de poulet
- Brochettes

Directions :
1.   Dans une petite casserole à feu moyen, ajouter le jus, le beurre de coco, la sauce soja et la cassonade.
2.   Retirez-le du feu juste avant qu'il ne commence à bouillir.
3.   Mettre le poulet dans un bol moyen. Couvrir avec la marinade ; réfrigérer pendant 30 minutes.
4.   Préchauffer le gril à feu moyen.
5.   Enfiler le poulet dans le sens de la longueur sur les brochettes.
6.   Huiler légèrement la grille du gril. Griller le poulet pendant 5 minutes de chaque côté.

Information nutritionnelle :
- Calories : 144
- Lipides totaux : 5g
- Lipides saturés : 0g
- Glucides : 15g
- Protéines : 14g

Sources d'images/Informations d'impression
Couverture des photos : depositphotos.com ;
@ trexec ; @ Sahiith79 ; @ livfriis
Édition imprimée en noir et blanc :
Amazon Media EU S.à.r.l.
5 Rue Plaetis
L-2338 Luxembourg
Autres impressions :
epubli, un service de neopubli GmbH, Berlin
Mattis Lundqvist
Représenté par : Christina Sorg c/o Papyrus Authors Club
R. O. M. Logicware GmbH
Pettenkoferstr. 16-18
10247 Berlin

Printed in Great Britain
by Amazon